HISTORIQUE

DE

L'ABBAYE DE CELLES

PAR GABRIEL LÉVRIER.

EN VENTE CHEZ L. CLOUZOT, LIBRAIRE-ÉDITEUR.

NIORT
IMPRIMERIE TH. MERCIER, RUE DES YVERS, N° 1.
1865

> Je vous salue, ruines solitaires, tombeaux saints, murs silencieux ! C'est vous que j'invoque, c'est à vous que j'adresse ma prière. Oui ! tandis que votre aspect repousse d'un secret effroi les regards du vulgaire, mon cœur trouve à vous contempler le charme des sentiments profonds et des hautes pensées.
>
> VOLNEY.

Nous n'avons vu nulle part une date précise ayant trait à la fondation du prieuré de Celles ; cette date n'existe pas, sans doute.

Comme tout ce qui remonte à une très haute antiquité et dont le point de départ, trop modeste, demeure inaperçu, le monastère de Celles, perdu au fond d'un vallon enceint de forêts épaisses, ne s'est montré que peu à peu à la lumière, a grandi, s'est peuplé, et à la longue est devenu une abbaye riche et renommée.

C'est ainsi que grossissent ces faibles sources des bois qui longtemps caressent des bords ignorés, puis prennent un cours plus accusé, enfin des proportions imposantes.

Si nous devions en croire M. l'abbé Cousseau, il nous serait à peu près possible d'assigner une date à la fondation du monastère de Celles, car il dit :

« (1) On appelait alors du nom de *Celle* un monastère inférieur dépendant d'un autre monastère régi par un abbé. Le chef des moines réunis

---

(1) Mémoires des Antiquaires de l'Ouest.

dans une celle était simplement *(prior)* premier, d'où sont venus les noms de *prieurs, prieuré*. Mais on donnait ce dernier nom à toute réunion de religieux desservant une église, lors même qu'ils n'étaient que deux, ce qui était le plus ordinaire, tandis que le nom de *celle* n'était donné qu'à un grand prieuré, à un prieuré conventuel. Aussi la plupart des celles sont devenues plus tard des abbayes, comme la celle Saint-Hilaire, à Poitiers; la celle Notre-Dame, entre Niort et Melle; ou bien des chapitres comme la celle Lévêcault, auprès de Lusignan. »

Nous ne contestons aucunement l'érudition de ces lignes, mais nous ne pouvons y voir l'étymologie de Celles, et cela pour les motifs suivants :

Celle, cellule, *cella* en latin, ne peut en aucun cas donner *celesium*; cependant c'est ainsi qu'est désignée cette localité dans tous les documents du XIe siècle, ainsi que nous aurons occasion de le voir.

De plus nous trouvons cette phrase dans Grégoire de Tours : *Sellense castrum quod in pictava habetur diocesi.*

Grégoire de Tours écrivait au VIe siècle : est-il bien probable que le prieuré existât dès ce temps? Nous ne le pensons pas, car ce n'est guère que vers le IVe siècle que le christianisme fit des progrès chez nous. Au reste, Grégoire de Tours ne parle pas d'un monastère, mais bien d'un fort.

Selon toute probabilité, ce fort fut bâti par les Romains; car, nous dit M. de Longuemar, les Romains établirent des postes fortifiés le long de nos chemins celtiques, pour mieux surveiller les populations soumises (1).

Nous pensons fermement que Celles existait avant son prieuré et que son nom est celtique; seule cette coïncidence d'une celle en ce lieu a égaré les auteurs dans des recherches un peu superficielles, mais que notre ignorance de l'idiome gaulois ne nous permet pas de démentir absolument.

(1) Compte-rendu du Congrès archéologique de Fontenay-le-Comte.

Toutefois, si nous en croyons l'historien des Gaules, un fort s'éleva sur les bords de la Belle, sans qu'il nous soit possible d'assigner sa place.

Tout démontre cependant que cette contrée a été très peuplée de Gaulois, car à chaque pas on rencontre des noms qui les rappellent.

Les plus vieux documents venus à notre connaissance et parlant du prieuré de Celles, sont les suivants, pris dans l'histoire des comtes de Poitiers, par Besly, page 378 ; l'année 1010, Guillaume, duc d'Aquitaine, donne à Saint-Maixent une villa du nom de Celles (*Celesium*).

L'année 1028, Guillaume et Godefroy, vicomtes de Thouars, donnèrent à Saint-Maixent quelques serfs et des serviteurs, dans l'église de Celles (1).

Ces documents nous montrent quels étaient alors les possesseurs de ce pays, le peu d'importance du prieuré, ainsi que la domination du puissant monastère de Saint-Maixent.

En effet, dans son remarquable ouvrage : *Recherches sur les Vigueries*, M. de la Fontenelle de Vaudoré nous apprend que Jean de Aberada se désiste d'une propriété à qui on donna le nom de *fedum*, en échange de la seigneurie d'une prévôté que les abbé et religieux de Saint-Maixent lui concédèrent dans la villa *Celesium* (1071).

L'abbaye de Saint-Maixent posséda cette villa, devenue une prévôté, soixante-et-un an, c'est-à-dire que, durant ce laps de temps, elle eut la justice de Celles, puisqu'à cette époque les prévôts avaient succédé aux viguiers.

Là se place cette grave question de juridiction.

Voici une pièce susceptible d'apporter quelque lumière à ce sujet 2).

(1) Voir la vieille édition de Besly.
(2) Extrait du *Gallia Christiana*, t. II, p. 331.

NOTICE D'UN CONCILE TENU A POITIERS SOUS ISEMBERT Ier, EN 1033,
SELON DON FONTENEAU.

« A l'époque où le monde, incertain de l'avenir, s'en allait de toutes
parts, où la sainte Église de Dieu paraissait ébranlée par les péchés innombrables des hommes et les efforts de l'enfer, le Seigneur, prenant en pitié
le genre humain et ne pouvant souffrir plus longtemps que l'ennemi de
tout bien prévalût et triomphât dans le monde, voulut mettre fin à ces
maux et ramener le monde à l'amour de la religion et à ses mœurs d'autrefois. On vit alors par la grâce de Dieu nos ducs d'Aquitaine, le roi de
France Robert, surnommé le Juste, tous les princes vivant de son temps
et tous les pontifes se réunir de toutes parts en conciles, avec un grand
nombre de prêtres et de religieux de divers ordres, et une foule de peuple, tant des riches que des pauvres, pour traiter de la foi catholique et
de tout ce qui intéresse la sainte Église de Dieu, en rétablissant la foi et
en la fortifiant. Entre autres conciles donc eut lieu celui tenu à Poitiers
sous le très noble duc Guillaume, par Isembert, évêque de Poitiers,
Jourdain, évêque de Limoges, et Arnault, évêque de Périgueux, avec des
abbés de divers ordres, sans compter les moines et les clercs et une multitude de fidèles. On y décréta, entr'autres choses, que si quelqu'un était
entré injustement en possession des biens d'église, par fraude ou violence,
il s'empressât de les restituer, libres de tout engagement et en entier. Or,
c'est à cette même époque que le seigneur comte Guillaume vint à Melle,
qui est un château fort ainsi nommé de toute antiquité, pour y faire rendre
justice sur plusieurs points devant sa cour judiciaire, ses prévôts et plusieurs
seigneurs. Alors des moines de Saint-Maixent et de Saint-Léger s'étant présentés devant lui, l'interpellèrent au sujet de leurs biens, sur lesquels des
juges et des prévôts pleins de cupidité et de mensonge exerçaient la justice

contre tout droit et donnaient tort aux personnes. Le comte se fit donc renseigner par les plus anciens du pays et par ceux qui étaient au cours de cette affaire, pour savoir si la plainte était bien fondée. Après qu'ils en eurent rendu foi, il fit avancer un d'eux pour en faire serment et faire ensuite droit à la requête.

» Le témoin appelé fut un juge subalterne qui déposa que son père qui était juge de son vivant, avait, ainsi que lui depuis, négocié cette affaire qui durait depuis soixante-dix ans; qu'en effet, les anciennes coutumes étaient bien telles qu'on avait avancé, et il en prêta serment sur les autels et les reliques des saints. Alors le comte et toute l'assistance, tant les nobles que les pauvres, décidèrent que ces droits resteraient éternellement mêmes sans être contestés davantage.

» Il s'agissait des biens de Saint-Maixent, situés dans la paroisse de Verrines, à Montigné, à Bonneuil, à Viré, à Baussais, avec les fermes qui en dépendent, et à Villeneuve (1).

» Il fut établi que pour les quatre causes du rapt, du vol, de l'incendie et de l'homicide, les viguiers auraient la moitié des compositions et les moines l'autre; mais que pour les procès relatifs aux terres mêmes de Saint-Maixent, les moines seuls ont droit d'y voir, sans le concours d'autres. Il n'y a que pour les procès en dehors de ces biens que les viguiers ont droit, si ces procès sont à leur portée. Tant qu'aux hommes dépendant des terres de Saint-Maixent, il ne pourra être établi de jugement contre eux, par aucun prévôt ni juge, sinon en présence d'un moine et dans le lieu que celui-ci aura fixé, et encore les prévôts ne pourront-ils participer aux droits provenants des condamnations. Ainsi donc il est défendu à tout viguier et prévôt d'envoyer des ajournements à comparaître sur les domaines susdits, et, s'ils le font, les gens qui en dépendent ne peuvent pas recourir à eux, la justice appartenant aux moines.

(1) M. de la Fontenelle, dans son livre des *Viguéries*, qui relate ces faits en partie, ne parle pas de Villeneuve, qui n'est pas dans les environs de Celles, et appelle par erreur Viré la Virollière.

» Pour confirmer ce que nous venons de dire, les princes et les nobles présents ont prêté serment et appui et ont ratifié de leur propre main, à savoir: Guillaume et Eudes, son frère, Guillaume-le-Vicomte, Constantin Maingot et Letier; Etienne Hugues, Raoul Gaszho, Girbert et beaucoup d'autres.

» Ce fut sous l'abbé D. Amblard et les moines vivants sous son obéissance, desquels nous n'avons point cité les noms, et le dix décembre, qu'eut lieu la décision de cette affaire.

» Maintenant que tout violateur de ces droits encoure la colère du Dieu tout-puissant, qu'il soit condamné à la mort éternelle avec les damnés, et que toutes les malédictions divines retombent sur lui.

» SICHER, lévite, a écrit. »

Il ressort de cette pièce, précieuse à plus d'un titre, que les moines de Saint-Maixent et de Saint-Léger possédaient une grande surface territoriale aux environs de Celles, et que le monastère de ce dernier lieu était d'une si mince importance que dans cet imposant débat, qui eut lieu à Melle en 1033, il n'en est même pas question. C'est probablement à la suite de cette décision du duc Guillaume que la villa déjà possédée par Saint-Maixent à Celles devint une prévôté, de façon que la justice entière du pays dut appartenir longtemps à cette riche abbaye.

Si Saint-Maixent échangea en 1071 cette prévôté contre une autre propriété, c'est qu'à cette date le prieuré de Celles commença à prendre de l'importance.

D'après plusieurs auteurs (1), ce ne fut qu'au XII° siècle que l'abbaye de Celles fut investie de la justice du pays.

A cette époque, vigueries et prévôtés commençaient à tomber en désuétude et tendaient à faire place à un autre ordre de choses; c'était, comme le dit M. de la Fontenelle de Vaudoré, une entrée dans l'ère féo-

(1) Notamment MM. Charles Arnauld et Thibaudeau.

dale qui fit passer le droit de justice du souverain aux seigneurs et même aux établissements religieux, comme possesseurs de seigneuries.

Il nous reste à expliquer comment la prospérité pénétra dans le prieuré de Celles, prospérité si complète que les fermes s'ajoutant aux fermes, il en compta bientôt un nombre respectable.

Voici ce que nous lisons dans l'histoire du Poitou, p. 337 :

« L'abbaye de Sainte-Marie-de-la-Celle, ordre de Saint-Augustin, était fondée dès le commencement du XIe siècle. Ce monastère était sous la dépendance de l'abbaye de l'Esterp ; il en fut affranchi en 1148 par Gilbert, évêque de Poitiers. Cette maison eut alors le titre d'abbaye ; les évêques de Poitiers lui ont donné plusieurs églises. *Louis XI avait une vénération particulière pour l'image de la Sainte-Vierge qui était dans une chapelle de ce monastère.* »

Cette dernière ligne nous indique la provenance des richesses de l'abbaye de Celles. Elle possédait une vierge miraculeuse. Naturellement cette vierge attira un grand concours de pèlerins et de magnifiques présents.

Quelques lignes trouvées dans un journal religieux de la Vienne, que nous plaçons ici sans commentaire, laissant aux lecteurs le soin d'en faire l'appréciation, expliqueront mieux que tout ce que nous pourrions dire la fortune de notre abbaye.

« L'origine de ce pèlerinage se perd dans la nuit des temps ; nous en avons trouvé des traces au commencement du XIe siècle. Des lampes d'or brûlaient une huile embaumée devant la statue miraculeuse. On voyait sans cesse maints chevaliers et hommes d'armes, portant lances et boucliers, prier aux pieds de Marie, et les nobles dames y faisaient des vœux pour leurs époux et leurs enfants. Louis XI y alla passer plusieurs jours en 1472, et dans les registres des dépenses de son règne on trouve les détails suivants que je mets sous vos yeux, pour montrer combien était grande au XVe siècle la renommée de Notre-Dame de Celles.

« En 1470, ai payé à Pierre Texier, cergier, la valeur d'un cierge de huit vingt livres de cire offert à Notre-Dame de Celles en Poitou.

» En 1471, payé au susdit Pierre Texier un cierge de deux cent vingt livres, offert à Notre-Dame de Celles en Poitou (1). »

» Elle faisait des miracles, et on la venait voir de fort loin. Nous ne citons que deux faits : l'un tiré d'un manuscrit du XV° siècle, mentionné par Monteil dans son histoire des Français ; c'est une guérison miraculeuse obtenue par Notre-Dame de Celles, en faveur du sénéchal de Toulouse. « Le sénéchal étant guéri envoya un de ses écuyers à Notre-Dame de Celles en Poitou pour illec faire faire un cierge du poids de sept vingt livres de cire et icelui présenter devant Notre-Dame dudit lieu, pour la guérison dudit sénéchal. »

» L'autre miracle est du XVII° siècle ; il est rapporté par un capucin de Saint-Maixent qui vivait quelque temps avant la Révolution : « En 1631, le Seigneur affligea la ville de Saint-Maixent du fléau de la peste ; beaucoup y périrent ; les capucins y moururent presque tous, et tout le monde y serait mort sans le vœu que fit la ville d'aller processionnellement tous les ans à Notre-Dame de Celles, ce qui s'est pratiqué jusqu'à ce jour (2) avec beaucoup de piété et de dévotion (3). »

Si le signataire de ces lignes, L. Albarel, énonce un fait positif en disant que le pélerinage à Notre-Dame de Celles remonte au commencement du XI° siècle, il n'est nullement douteux que ce monastère existe depuis le X° siècle ; peut-être même date-t-il du IX°. Nous ne possédons aucune preuve à cet égard, mais étant sorti de ces commencements obscurs, notre récit se basera désormais sur des dates certaines, et la première qui s'offre à l'enchaînement des faits est celle qui a trait à l'avènement du monastère, simple prieuré, au titre d'abbaye.

(1) Dom Fonteneau.
(2) C'est-à-dire jusqu'à la Révolution.
(3) Dom Fonteneau.

Le Pouillé du diocèse de Poitiers nous fournit la note ci-jointe :

Noms des abbayes : Notre-Dame-de-Celles ; — Noms des ordres : Saint-Augustin ; — Noms des archiprêtrés : Melle ; — Noms des collecteurs : Le Roi.

Ce n'était qu'un simple prieuré qui fut érigé en abbaye. Louis XI en a réparé l'église, une des plus belles du Poitou. L'érection de Celles en abbaye est due à Guillaume II, cinquante-cinquième évêque de Poitiers en 1140. »

Maintenant il nous reste à dire quelle était cette abbaye.

« La place où s'élevait l'abbaye de Celles avait été habilement choisie : elle est assise sur les bords d'un charmant ruisseau, sur les rives de la Belle. Guillaume IX, duc d'Aquitaine, lui accorda la justice de Celles, et les rois d'Angleterre, aux jours de leur domination sur le Poitou, lui firent des présents considérables. » (1)

Les murs de l'antique abbaye n'existent plus, un incendie les a détruits au commencement de ce siècle. Cependant on en trouve encore quelques parties dans la cour intérieure de la mairie actuelle. Ces débris indiquent certaine élégance dans la construction, si l'on en juge par quelques arcatures avec encorbeillements sculptés à leurs points de jonction.

La première abbaye occupait la place de la nouvelle sur une longueur de quatre-vingts mètres environ et venait du midi au nord toucher le vieux chemin de Melle à Niort. Sa principale façade, exposée au levant, consistait en ouvertures rares, un peu étroites et du genre roman, ainsi que le constatent plusieurs personnes âgées qui en ont gardé le souvenir. (2) Son emplacement était celui désigné de nos jours par le nom de terrasse, de dix mètres de large, et qui n'est en effet qu'un terrassement composé de débris de toute sorte recouverts d'un peu de terre et formant un jardin.

(1) Ch. Arnauld.
(2) Il y a peu d'années il existait encore une croisée qu'on disait être celle de la chambre de Louis XI.

L'épaisseur des murs de l'édifice était d'un mètre trente centimètres environ; quant à son élévation, nous avons de fortes présomptions pour la croire égale à celle du bâtiment voisin, nommé Saint-Gobert, qui s'accolait à l'abbaye, et d'une hauteur de vingt mètres. Aux flancs du même côteau, abritant le monastère, s'élevèrent deux églises; la première, celle de Notre-Dame, n'offre aux regards de l'antiquaire qu'un vestibule du genre roman primordial, et une massive tour carrée; quant à la partie refaite, nous en donnerons plus loin la fidèle reproduction.

A côté de cette église, l'autre se construisit plus modeste, sous le vocable de Saint-Hilaire; sans doute que ce second monument, moins ancien que son voisin, comme l'attestent quelques vestiges du style byzantin, ne s'éleva que quand une population assez notable fut venue se grouper autour du couvent.

De l'église Saint-Hilaire, détruite seulement depuis la Révolution, il ne reste que le transept gauche, servant actuellement de sacristie, et une crypte de faible étendue.

Les habitants de la localité qui ont vu debout l'église Saint-Hilaire et le cimetière y attenant, parlent de celle-ci comme ayant été petite et sans beauté; si nous en jugeons par ce qui en demeure et sa crypte, nous ne saurions en faire une description plus saisissante que par celle de l'ordre qui présida à sa construction.

« Le genre roman nous offre jusqu'au XIIe siècle des églises petites, oblongues, murailles épaisses, fenêtres étroites et arrondies; extension de l'abside ou du chœur, croix entre celui-ci et la nef, direction de l'est à l'ouest, voûtes, fenêtres, portes en plein cintre; cryptes pour rappeler les premières retraites chrétiennes pendant les persécutions. »

Telle fut l'église paroissiale Saint-Hilaire.

Les religieux pénétraient dans ces deux églises, dont les principales entrées donnaient sur la même rue, par un unique escalier qui se voit encore dans la cour intérieure de l'abbaye.

Le côté séduisant du monastère se trouve au levant. C'est là que du pied d'un côteau escarpé, tout couvert de bois alors, sortent des sources abondantes qui venaient arroser de vastes jardins avant de se jeter dans les étangs et le cours limpide et paisible de la Belle (1).

Les religieux pénétraient dans le vallon ombreux et frais par de magnifiques allées de maronniers et de charmes, et soit qu'ils se livrassent à de pieuses pensées au bruit de la cascade voisine (2), ou que désireux de prendre un utile exercice, ils s'égarassent dans la futaie silencieuse d'un parc étendu, ils pouvaient couler des jours remplis de paix et de mystérieux loisirs. — Nous lisons dans Thibaudeau :

« Néanmoins, l'ordre de Saint-Augustin était un ordre sévère dont les règles austères faisaient sentir combien les entrevues avec les femmes étaient contraires à la pureté de l'état religieux. Il était ordonné que lorsqu'un religieux irait confesser une femme malade il aurait toujours un compagnon d'un âge mûr avec lui, qui fut placé dans la chambre de manière à tout voir sans rien entendre. Il était défendu aux religieux de converser avec les femmes à la porte du couvent, si ce n'est avec la permission du prieur et en présence d'un compagnon par lui choisi, qui verrait et entendrait tout; il n'y avait d'excepté que la mère, les sœurs et les plus proches parentes des religieux. Le compagnon se contentait de voir tout sans rien entendre, les vieillards étaient dispensés de cette gêne.

« Les supérieurs des religieux avaient les plus grands pouvoirs pour la correction des coupables; ils pouvaient les mettre en prison *cum compedibus*, faire donner la discipline à ceux qui n'étaient pas prêtres, condamner les religieux convaincus de fautes graves à se coucher sur le seuil de

---

(1) Dans les recherches sur les vigueries de M. de la Fontenelle, nous trouvons auprès de Montiaco, Montigné la *Villa Vedrina*, Vérinnes, avec un moulin *super fluvium Belane*, c'est-à-dire sur la rivière la Belle. Peut-être ce mot *Belane* signifie-t-il brebis. Une fontaine appelée Fombeline semble l'indiquer. Dans cette vallée on a toujours beaucoup élevé de *bélinage*.

(2) A quelques pas de là, la source du Rochereau s'échappant d'une grotte curieuse tombait, avant qu'on la déguisât, de deux mètres de haut.

la porte du réfectoire, afin qu'en sortant les autres religieux leur passassent sur le corps. Les supérieurs pouvaient même faire appliquer la question aux coupables. »

Dans le même vallon, séparé seulement du monastère par le vieux chemin de Niort à Melle, se voyaient deux corps de logis, l'un appelé l'Abbatiale et l'autre vulgairement l'Aumône.

L'Abbatiale, habitée par un abbé desservant la paroisse, offre un véritable intérêt, c'est-à-dire que ce qui en reste est d'un cachet si antique, de murs si robustes et de conservation si étrange, que nous n'osons affirmer que ce ne fût pas là le fort dont parle Grégoire de Tours.

Quoi qu'il en soit, il est de tradition que les cachots où l'abbaye plongeait les coupables étaient en ce lieu. Le sombre aspect du monument ne peut que corroborer une telle affirmation. De nombreuses annexes où habitaient l'abbé et ses serviteurs, mais de construction plus récente, ont été dernièrement démolies. Grâce au hasard, le monument primitif seul est demeuré debout.

L'Aumônerie se trouvait dans la même enceinte, seulement une cour la séparait de l'Abbatiale.

Comme la plupart des aumôneries, sans doute que celle-ci fut établie vers le XIVe siècle, dans le but d'héberger les nombreux voyageurs, pèlerins et mendiants qui se voyaient alors. Peut-être même y reçut-on des lépreux, assez communs à cette époque, et qui tenaient ce mal des croisades.

L'Aumônerie était d'une construction mesquine, comme toutes celles qui précédèrent la grande réédification de l'abbaye. Cela consistait en quelques servitudes et étables, en quelques appartements bas avec greniers par-dessus, et en une chapelle affectée à l'usage des prisonniers, des voyageurs et des malades. Cette chapelle est démolie depuis soixante-dix ans environ.

Les dépendances de l'Aumônerie consistaient en vergers, bois, terres et prairies. Ces propriétés ont conservé leur désignation première et se nomment toujours : la fontaine, le bois, les prés et les champs de l'Aumône.

Les monastères remplaçaient alors les hôtelleries et tous, seigneurs, moines et vilains venaient frapper à la porte de ces lieux hospitaliers pour se mettre à l'abri des terreurs de la nuit, causées par les rôdeurs dangereux et les bêtes fauves.

Un grand nombre de personnages illustres ont été reçus au monastère de Celles. Peut-être même Rabelais, qui en parle dans ses bizarres récits, y passa-t-il.

Voici quelques-uns des noms illustres qui s'y rattachent :

Louis XI était à Celles quelques jours avant le 22 avril 1470, ainsi que le constate une curieuse charte de rémission, reproduite dans la bibliothèque de l'Ecole des Chartes (2ᵉ série, t. 4, p. 258). On y lit : « Donné à Nostre-Dame de Selles en Poitou, au mois d'avril avant Pasques. »

François Iᵉʳ venant de la Rochelle est passé à Celles pour aller à la Mothe-Saint-Héraye le 8 ou le 9 janvier 1543 (1).

Henri IV vint coucher et souper à Celles, le 20 mai 1586. Il y passe le 21 et part le 22 après dîner (2).

En levant le siège de Châtellerault, en septembre 1569, le duc d'Anjou (Henri III) alla camper à Celles et ensuite à Chizé (3).

L'abbaye de Celles était donc dans une voie de prospérité grâce à sa madone, à la piété et à la générosité des seigneurs, ainsi qu'aux bienfaits des Anglais possédant le Poitou par Aliénor d'Aquitaine, et enfin par les églises nombreuses, dons des évêques.

Le Pouillé du diocèse de Poitiers de 1782 nous fournit l'exacte indication de ces églises.

(1) Dom Fonteneau.
(2) Michel le Riche.
(3) Thibaudeau.

NOMS DES CURES & DES CHAPELLES DÉPENDANT DE L'ABBAYE :

CURES.

Saint-Hilaire de Celles (1).
Saint-Martin d'Asnières.
Saint-Martin d'Augé.
Sainte-Blandine.
Saint-Médard de Germond.
Juillé de Saint-Germain.
Saint-Maixent de Jussecors.
Saint-Hilaire de Ligny.
Saint-Hypolite de Luché et la chapelle Sainte-Anne son annexe.
Saint-Martin, près Melle.
Saint-Médard de Fonville.
Saint-Maixent de Paisais-le-Chap.
Saint-Martin de Périgné.
Saint-Martin de Quenlieu.
Saint-Sauvant.
Saint-Sulpice de Tillou.
Cela nous donne le chiffre de 16 églises.

CHAPELLES.

Sainte-Catherine. Chapelle régulière. Elle était à l'Aumônerie.

De la Fougeraye. Chapelle régulière. Au château de ce nom, à 8 kilomètres de Celles.

(1) Notre-Dame de Celles étant l'église même de l'abbaye, elle n'est pas comptée.

Filloppes. (Régulière.) C'est le nom de Philippes dénaturé.

De la Guillotière. Au château de ce nom, près Melle.

Saint-Michel. Dans l'église de Notre-Dame de Celles. (1) Dans la tour du clocher il existe une vaste salle de ce nom.

De l'Oie Blanche, ou de l'Herminette, ou de la Blanchardière. Cette chapelle était à Châteauneuf, commune de Vitré. Son nom bizarre vient sans doute de quelque légende, cependant il n'approche pas en singularité de celui de la chapelle de Montigné, dans le voisinage, qui se nommait de la Soupe-Salée.

Des Pastureaux, à la Groie l'Abbé, près Celles.

Des Philippes. C'était la chapelle de Conzais, près Celles.

Saint-Pierre du Treuil. C'était la maison de plaisance de l'abbaye.

Le revenu ecclésiastique de l'abbaye était évidemment important, et si nous joignons les dîmes et les revenus de la terre aux menses des diverses églises, nous arrivons à un chiffre remarquable.

Cependant les religieux de Celles ne trouvaient pas trop posséder, si nous en jugeons par le procès considérable qu'ils eurent à soutenir contre la commune de Niort.

Nous extrayons les lignes qui vont suivre d'un remarquable travail de M. Gouget (2). Par elles, nous voyons le langage et la dialectique du temps et la fermeté avec laquelle les religieux savaient repousser ce qui leur semblait arbitraire.

Voici ce que dit M. Gouget à la 24e p. de son opuscule :

« La seconde moitié du XIVe siècle est éclairée par plus de documents. La coutume de la Sèvre est établie, la ville, place de guerre importante, est le chef-lieu militaire du Poitou. Le commerce intérieur à l'abri de ses murailles, le commerce de la Sèvre, trop difficile à arrêter par les ban-

---

(1) Le clocher étant très fort, on y créa sans doute une chapelle dans la prévision des temps de troubles.

(2) Le commerce de Niort au XIIIe..... XVIIIe siècles.

des assez occupées dans les plaines, florissent pendant quarante ans (1377-1446.) Je tirerai mes renseignements pour cette époque de trois pièces : le tarif de 1377, le bail pour l'année 1383 de l'aide de quatre deniers pour livre levée à Niort sur les marchandises, et le plaidoyer de l'abbaye de Celles contre cette même aide, à laquelle en 1402 la commune l'avait voulu soumettre. »

Pour nous ce document est extrêmement précieux, puisqu'il porte en lui la preuve de l'importance productive de la contrée, de même qu'il est un témoignage irrécusable de la riche situation de l'abbaye.

Dès la fin du XIV° siècle, cette maison dominait les environs par son influence et l'étendue de ses possessions, et si ses commencements datent de l'an mille ou du X° siècle, elle avait atteint dans ce laps de temps une remarquable prospérité.

Quant à l'habileté naïve que savaient déployer ses représentants pour défendre leurs intérêts, on en peut juger par ce qui suit :

« Et premièrement, à ce que dient lesd. maire et commun que la ville de Nyort est grant ville belle et notable et bien réparée, et qu'il y a maire et commun, respondes lesdiz religieux que lad. ville est belle, grant et notable et est la plus forte ville et de plus notable et forte matière que ville de la conté de Poictou ne de la duchié de Guyenne, et sont les muraiges et fortifficacions d'icelle de très notable pierre, œuvre de maçonnage, et telement qu'il a falu et faut moult poy de reparacion et de moult lonc temps elle est suffisantement réparée et fortifiée et peut bien estre que lesd. maire et commun et habitants de lad. ville qui sont grans, riches et puissans, pour tousiours otoriser eulx en leur dicte ville y font aucunneffoiz faire aucuns édifices nouveaulx, lesquieux édiffices no sont pas moult nécessaires, quar sans iceulx lad. ville a esté et saroit toujours forte et toujours esté tenue et guardée contre leurs ennemis et tenue la plus forte de toute lad. duchié, et lesquieulx édifices iceux maire et commun vouldroient bien faire fayre non pas à leurs despens, mais aux despens des poures gens dou païs...... — Item ; ad ce que lesd. maire et commun dicnt que au dict Nyort a beau port et notable.... respondent lesd. religieux qu'il est vrai que led. port vient jusqu'à la dicte ville de Nyort, et aud. port en lad. ville chargent les habitants de la dict. ville leurs blés, vins et autres marchandises, et les font mener sans nul empeschement jusques à Marant, et pour le fait duquel port lesd. habitants sont plus riches et puissants et très grandement amandez, et tout le fait de la dict. ville mis en grant autorité et puissance, et peuvent bien iceux habitants de Nyort, tant pour le prouffit dudit port que aultrement, réparer leur dicte ville, ainsi que faire doivent et y sont tenuz, sans le vouloir faire faire aux dépens des poures gens de envïron. — Item, le port de Nyort ne fait aux environs aucun bien ne prouffit, et leur a esté et est du plus grant domaige que prouffit, et nul n'est tenu saige desnuez son aultier pour couvrir un autre. »

L'étrange maxime qui termine cette partie du plaidoyer des religieux de Celles, car nous ne possédons pas cette pièce en entier, signifie qu'il ne faut pas se découvrir pour couvrir autrui. Ce n'est peut-être pas absolument chrétien ; mais dans des temps où la charité publique reposait presque exclusivement sur les monastères, nous n'osons nous montrer trop rigides.

Pourtant nos moines portaient un peu loin l'amour de l'argent, comme le prouve une note qui nous a été fournie par l'un de nos plus estimables antiquaires. (1)

Nous livrons cette note au lecteur :

« Je possède un vieux parchemin bien respectable, de 250 lignes, bien longues et bien minutées. Il est relatif à la saisie réelle ou immobilière des moulins Jousserant ou Jousseraut, dépendant de la seigneurie de Saint-Léger près Melle, saisie faite sur messire Antoine de la Roche-chaudry

» Parmi les créanciers on y voit figurer les religieux et couvent de la dicte abbaye de Notre-Dame-de-Celles, auxquels le dit de la Rochechaudry, dès le 17 juin 1515, constitue pour huit cents livres tournois, une rente de quatre-vingts livres, payables à chácune feste nativité Saint-Jehan, rente qu'ils avaient transportée à François de Cousdun, escuyer, seigneur de Chalié, poursuivant la saisie.

» Ainsi ces religieux plaçaient leur argent à 10 p. %. Il faut croire que ce placement avait paru un peu fort aux magistrats de la sénéchaussée du Poitou, car dans leur séance rendue le 30 septembre 1522, ils disent : Avons modéré et modérons les dictes rentes générales et arrérages d'icelles à raison d'ung pour quinze. »

Revenant à notre premier fait, le procès intenté par la ville de Niort, nous partageons l'opinion de M. Gouget, qui ajoute : « Les religieux de Celles avaient raison en maintenant que l'imposition consentie par la commune seule ne liait qu'elle et ne liait pas les seigneurs. »

Ce procès qui fut soumis aux commissaires royaux enquêteurs sur les quatre deniers pour livre imposés par le maire dans la chatellenie, commencé en 1402, durait encore en 1404. Nous ignorons si la remise demandée par les religieux leur fut accordée, mais c'est bien probable.

Jusqu'à la fin du quinzième siècle, on vit se succéder en Poitou des événements d'une grande importance : il y eut de nouvelles guerres avec les Anglais que Duguesclin chasse de la province et de nombreuses bandes de pillards commirent d'innombrables méfaits.

Assurément l'abbaye de Celles, qui n'était point fortifiée, dut subir maints outrages, mais l'histoire en parle peu, car ces choses étaient considérées comme ordinaires.

Ce qui nous semble moins ordinaire, c'est le fait plein de gravité ci-joint, non produit par les bandes pillardes menaçant châteaux et couvents, les religieux seuls en furent coupables (1).

(1) Pièces trouvées dans les archives de la famille de Chaillé.

« Entre 1484 et 1492, le 2 mars, le roi de France, à la requête de Aimeri Gallard, abbé de Notre-Dame de Celles en Poitou, lequel demandait justice contre plusieurs religieux: Louis de Rohan, Joachim d'Exoudun, François de Nossay, Jean de Beaulieu, Antoine de Lezay et autres, qui s'étaient rendus maîtres de l'abbaye par des excès, des voies de fait et le port des armes: *(Super diversis excessibus, vis facti et portu armorum)* et qui empêchaient sa prise de possession et jouissance de l'abbaye où il avait été régulièrement nommé.

» Ils avaient déjà été assignés pour comparaître au jugement du parlement et n'en avaient tenu aucun compte. Le roi ordonne aux juges royaux de Niort et de Saint-Maixent, ou à ceux qui tiendraient leur place, de faire prendre les délinquants partout où ils le pourront, et de les faire ensuite conduire à Paris, par-devant la cour du parlement (1). »

Feu M. l'abbé Taury, possesseur de cette pièce, la fait suivre de l'observation suivante :

« La nomination d'Aimeri Gallard est du commencement du règne de Charles VIII, au moment où la couronne s'était accordée avec le pape pour abolir la Pragmatique Sanction et supprimer les élections des abbés par leurs moines, tandis que les parlements et le clergé résistaient à ces conventions entre le pape et le roi. »

Cette observation fait comprendre cette durée de huit années d'anarchie à l'abbaye, et son motif.

Une note prise dans le Grand Gauthier, et qui nous a été transmise par l'un des écrivains les plus justement réputés du Poitou, (2) complètera la précédente observation :

Ecclesia beate Marie de Cella cujus capellanus est abbas.

Cette phrase, que nous traduisons ainsi : Eglise de Sainte-Marie de Celles, de qui le chapelain est abbé, donne à croire que depuis 1140

---

(1) Parchemin d'une belle écriture, en latin, mutilé aux deux bouts des lignes, et qui a servi de couverture au papier censaire de l'abbaye de Celles en 1510.
(2) M. Bauchet-Filleau.

jusqu'à 1568, époque de la dévastation de l'abbaye, les abbés y résidèrent toujours. Nous voyons même que pour en jouir il fallait y résider.

Ce ne fut que sous Henri III que cette riche maison devint un bénéfice n'entraînant pas la résidence.

Indépendamment de cette note, nous pouvons y joindre les suivantes, susceptibles de fournir de précieuses instructions :

XIV° siècle. — *Abbatia de Cella beate Marie debet (Episcopo) dues procurationes.* (1)

Abbas de Cella solvit XX lib. tour. (Cette dernière note est extraite d'un livre de recettes faites en 1326 pour le compte de la cour de Rome dans le diocèse de Poitiers.

Nous avons épuisé la plupart des faits jusqu'au XV° siècle ayant trait à l'abbaye : nous allons voir si les temps plus modernes en seront mieux fournis ; cependant nous avons encore à constater positivement le rétablissement de l'église Notre-Dame par Louis XI.

Nous sommes en 1469 ; ce roi règne depuis huit ans, sa politique lui fait parcourir toute cette partie du territoire nommée aujourd'hui Deux-Sèvres ; par superstition ou par piété, il visite les monastères et les églises, particulièrement celles vouées à sa patronne la vierge.

Nous lisons dans l'histoire de Niort (2) que le sept du mois de septembre 1469, à six heures du soir, eut lieu l'entrevue du roi Louis XI et de Charles son frère sur un pont de bateaux, sur la Sèvre ; ce fut à l'endroit qui s'appelle Brault, anciennement Berault. Le roi alla coucher à Puyravault, dépendance de l'ordre de Malte.

Le même auteur nous apprend que dans le même mois de septembre Louis XI se trouvait en pélerinage à l'abbaye de Celles.

Plus haut, nous avons vu qu'il y vint encore en 1472.

La présence de Louis XI à Celles est donc un fait incontestable. Il y fit

(1) Grand Gauthier.
(2) Briquet.

même plusieurs séjours ; ce fut sans doute dans l'un de ces séjours, et peut-être par suite d'une heureuse issue politique attribuée à l'influence de la vierge du lieu, que trouvant son église vieille et insuffisante, il conçut le projet de la faire rétablir.

A ce sujet, Thibaudeau s'exprime comme il suit :

« Il fit rétablir l'église qui était très belle ; il accorda des priviléges aux religieux. Ce fut en reconnaissance de ces bienfaits que l'abbé et la communauté arrêtèrent par un acte capitulaire qu'ils diraient chaque jour, à l'issue des vêpres, les prières pour le roi, et qu'ils chanteraient tous les jours une messe pour la santé du roi, la paix et la tranquillité du royaume. »

Cette date mémorable, 1469, nous est donc acquise pour la reconstruction d'une partie de l'église de Celles ; mais d'autres dates : 1569, 1669 et 1791 nous le sont également. C'est-à-dire que les événements principaux passés à l'abbaye se divisent maintenant en trois périodes égales et distancées chacune par un siècle.

L'église nouvelle est reconnue pour l'un des plus beaux édifices de ce genre dans les Deux-Sèvres ; la description qu'en a faite M. Ch. Arnauld dans les monuments religieux, civils et militaires du Poitou, est si fidèle que nous ne saurions mieux faire que de la reproduire.

« Après s'être arrêté un moment devant la porte construite au temps de l'époque romane, après avoir vu ses chapiteaux, ses corbeilles presque détruits, après avoir considéré ses tailloirs ornés de rinceaux, sur lesquels retombent quatre rangs de moulures polylobées, qui présentent à leur extrémité des têtes de formes différentes, on entre par un escalier de seize marches dans l'intérieur de l'édifice, qui par ses dimensions et son élégance, est, sans contredit, l'un des principaux monuments religieux de nos contrées.

» C'est tout en même temps un modèle de pureté et de simplicité architectonique : la sculpture n'a rien fait pour elle ; il semble, en effet, qu'un édifice en partie dédié à la Vierge ne doive point briller par des parures trop recherchées. L'église de Celles est divisée par des piliers qui sont composés de nervures prismatiques, qui s'élancent sans interruption jusqu'aux voûtes où elles forment les arcs-doubleaux qui réunissent les unes aux autres les différentes portions de l'église.

» Les voûtes sont parcourues par des nervures rondes et prismatiques qui vont se perdre dans d'élégantes rosaces.

» Les parties latérales sont occupées de l'un et l'autre côté par de grandes chapelles dont les ouvertures sont bordées de nervures; à l'endroit où elles se mêlent et se confondent, on voit des écussons chargés de différents sujets.

» Au-dessus des chapelles latérales s'entrouvent plusieurs fenêtres divisées par un seul meneau, à nervures prismatiques : toutes ces ouvertures sont absolument semblables.

» La nef et les bas côtés, dont les voûtes sont remplies d'élégance, appartiennent au XV⁰ siècle ; c'est au transept que commencent les réparations du dix-septième siècle. Cette partie de l'église avait été presqu'entièrement ruinée dans les guerres des protestants : il a fallu la refaire ; mais ce n'est plus la même pureté. Les voûtes sont surchargées de nervures qui se coupent et se croisent sans fin, pour former une infinité de triangles.

» Au centre de la voûte principale, on a dessiné un octogone dont chaque partie forme l'un des côtés des triangles, qui sont remplis par des guirlandes, des rosaces, des fleurs et des fruits. Les deux voûtes des transepts, qui ressortent seulement de la profondeur des chapelles latérales, sont moins chargées de nervures ; mais à leur point culminant se dessine un octogone avec un pendentif dont quelques parties ont été peintes en rouge et en vert. Les meneaux placés au sommet des fenêtres présentent des compartiments remplis par des quatre-feuilles.

» L'abside est très prononcée et percée, de chaque côté, par des fenêtres ; celle du fond est bouchée : pour la remplacer on a mis au-dessus d'elle une rose très modeste. (1)

» La deuxième voûte de l'abside est surchargée de pendentifs, de festons, d'ornements placés dans les petits triangles formés par les nervures : ce sont encore des feuilles, des fleurs et des fruits.

» Les boiseries n'ont rien de remarquable ; on y voit encore la place des chanoines, au nombre de trente-cinq. Cette portion de l'église a été refaite comme le prouve l'inscription suivante, placée au-dessous de la fenêtre de l'abside, à gauche, par l'Italien François-le-Duc, surnommé Toscane.

CONSTRUCTA SUB LUDOVICO XI,
DESTRUCTA AB HERETICIS,
ANNO 1568, ANNO 1669
RESTAURATA.
(Le Duc dit Toscane).

» L'église de Celles a 60 mètres de longueur et dix-huit mètres de largeur ; la hauteur des fenêtres est de 6 mètres, et la largeur de 2 mètres 33 c.; les voûtes de la nef s'élèvent à une hauteur de 19 mètres. La partie extérieure est insignifiante. Il n'y a rien à dire de la porte ; le clocher est une tour massive, et les contreforts, qui soutiennent l'édifice, sont surmontés de petites pyramides sans élégance. »

» Telle est l'église de Celles, qui appartient à l'ordre ogival et dont l'aspect, du haut de ses seize marches, est saisissant. Seulement on lui reproche sa nudité et ses vitraux blancs, qui donnant la lumière trop abondante et trop crue, lui ôtent cette sorte de mystère cher aux âmes, et qui inspire le recueillement.

Pendant 99 ans, l'église demeura debout dans toute sa magnificence. Dans son abside profonde, à différentes heures du jour et de la nuit,

(1) Cette croisée a été bouchée pour faire place à la niche où se voit la statue assise de la Vierge avec l'enfant Jésus dans ses bras. Cette niche très simple est décorée par une boiserie peinte, ce qui indique un travail en sous-œuvre peu en rapport avec les belles proportions de la statue et de l'édifice.

se rangeaient trente-cinq religieux, dans un nombre égal de stalles de chêne aujourd'hui noircies par le temps.

Tout était succès et prospérité alors à la vieille abbaye, ses richesses s'accroissent et son bourg grossit à l'ombre de ses murs. Nous sommes au commencement du seizième siècle; le simple prieuré, si modeste à ses débuts, compte des propriétés immenses qui se limitent au midi par les possessions du monastère de Verrines, et au nord par celui de la Carte, en la paroisse de Vitré.

Ces trois couvents : Celles, Verrines et Vitré sont distants les uns des autres de quatre kilomètres environ, Celles au milieu, et tous les trois bâtis dans la riante vallée qu'arrose la Belle.

Le monastère de Verrines, resserré entre Celles et la seigneurie de la Forge Nossay, est, quoique fort bien partagé, moins riche que Celles, ses Bénédictins sont en petit nombre et leur tranquille et studieuse existence a eu peu de retentissement.

Le prieuré de la Carte, dans une situation pittoresque, appartenant à l'ordre pauvre des Capucins, dit la tradition (1), ne gênait en rien l'envahissement de l'abbaye qui possédait des métairies jusqu'à sa porte. Ce monastère, perdu au fond des bois et aujourd'hui à peine reconnaissable dans les épines qui couvrent ses murs écroulés par le fait des révolutions, avait une belle église sous le vocable de Saint-Pierre et comptait cent communiants, tandis que la seconde église de la paroisse de Vitré, sous le vocable de Saint-Georges, en comptait six cents.

Cette paroisse était donc plus populeuse que celle de Celles, qui ne comptait que trois cents communiants.

La population de Vitré a évidemment été décimée par les guerres de religion, car aujourd'hui elle compte à peine un chiffre d'habitants égal à celui de ces temps éloignés.

---

(1) Et plus tard occupé par des Jésuites, dit la même tradition, car les Pouillés n'indiquent pas l'ordre de ses religieux.

Au levant, les propriétés de l'abbaye étaient bornées par la seigneurie du Chironnail et la Ronce, appartenant à la famille de Vernou de Bonneuil. Enfin, au couchant, nous rencontrons comme dernières limites la terre de Conzais, celles de Thorigné et de Châteauneuf.

Elles touchaient également en maints endroits à Louis de Rochechouart, chevalier, seigneur de Montpipeau, Vouillé, Mougon (1), Thorigny et Gascougnoles, etc....

Voici les noms des principales métairies dépendant de l'abbaye de Celles. Nous regrettons de n'avoir pu nous procurer un état réel de ces possessions, mais nous pouvons néanmoins affirmer l'authenticité de celles que nous indiquons :

Briette, les Feux, la Revêtison, Pied-de-Coi, Biscière, la Carte, la métairie aux Moines, les Vaux, le Genet ; à Vitré, l'Infirmerie, les Ombrails, la Groie-l'Abbé, le Treuil, la Moulinné ; à Viré, à Bonneuil, la Forêt, Chaloûe, à Tauché, à Triou ; enfin un nombre considérable de borderies et les bois de Celles, vastes comme une forêt.

Indépendamment de ces fermes, toutes locales, l'abbaye en possédait au loin, ainsi que le prouvent les deux notes suivantes : « 20 mars 1522. — Sous le scel de révérend père en Dieu, M. l'abbé et seigneur temporel de Notre-Dame de Celles, et sous le scel de vénérable et discrète personne M. l'archiprêtre de Melle, vente de biens à Prahecq.

» Moreau et Guilhomon, notaires.

» 31 décembre 1587. — Honnête personne, François Sicault, notaire à Prahecq, achète de Thomas Magneron cinq boisselées de terre au Champ-Labre, tenant à la terre de la seigneurie de Chambelle, à cause du prieuré de Niort, et d'autre à la terre du couvent de Celles, à cause de leur métairie de Crissé, sur le chemin qui va du parc de Pers à Mougon (2).

» Collet, notaire royal ; Floret. »

---
(1) Mougon avait aussi un prieuré occupé par des Bénédictins.
(2) Notes prises dans les papiers de M. l'abbé Taury.

Parmi les abbayes royales, situées en Poitou, qui subsistaient encore en 1787, nous voyons que Celles jouissait de 14,000 livres de revenu, c'était le même chiffre à Saint-Maixent; seul Nantéuil, réuni au séminaire de Saint-Charles à Poitiers, et valant 17,000 livres, était plus riche que les quarante-trois abbayes alors debout (1).

Cette somme de 14,000 livres est, croyons-nous, inférieure à la vérité ou alors les terres donnaient à peine le quart de leur valeur. Quoiqu'il en fût, l'abbaye, incapable de pourvoir à une telle administration, se débarrassait de ce soin sur le compte de fermiers généraux, comme nous l'indique l'incident que nous relatons :

« Sentence d'Aubin Giraud, écuyer, sieur de Montz, conseiller du roi et son lieutenant particulier et assesseur civil et criminel à Niort, (29 mars 1623) pour obliger Jacques Pastureau, sieur de Chauray, Arnault le Laurain et Jacques Pillon, fermiers du revenu du temporel de l'abbaye de Celles, à payer à Maître Coupeprye, procureur de Pierre Viault, écuyer, sieur d'Aigonnay, juge sénéchal en l'abbaye de Celles, par provision de l'abbé Geoffroy de Barbezières, en date du 8 juillet 1611 ; pour les honoraires du sénéchal, échus à la Saint-Michel 1620, la somme de 18 livres, malgré l'intervention du nouvel abbé, révérend frère Hilaire Thibault, abbé commendataire. »

Cette preuve que nous tenions à donner du mode d'administration des biens de l'abbaye nous a un peu fait empiéter sur les événements vers lesquels il est nécessaire de rétrograder.

Il y a tout lieu de penser que ce fut vers le commencement du XVIe siècle que se créa une foire aux mules à Celles. Ces mules étaient déjà en grande quantité dans le pays et fort recherchées des princes, des habitants des grandes villes et d'une foule de monastères ; plusieurs documents anciens en font foi.

Cette foire se tenait, non pas sur le champ de foire actuel, qui faisait

(1) Introduction de l'*Histoire du Poitou*, par M. H. de Sainte-Hermine.

partie des jardins de l'abbaye, mais dans les prés de l'Aumônerie. Faible à son début, elle ne tarda pas, en raison de la beauté de ses animaux, à acquérir une renommée qui s'étendit jusqu'à l'étranger et qui domina longtemps dans le Poitou. (1)

Plus tard, dans le même siècle, les religieux créèrent un minage et bâtirent à cet effet, à quelques mètres de l'abbaye, une halle aux blés (2) avec quelques banquettes pour les marchands d'étoffes communes, telles que droguets et serges, fabriqués dans la localité même et jouissant d'une grande réputation de solidité. Le commerce des laines, la teinturerie et la fabrication des étoffes furent pendant de longues années les principales industries du bourg.

Malgré tout, cette grande prospérité avait parfois ses moments d'orage, ainsi que nous le fait supposer cette note des mémoires de Michel le Riche : Aoust 1544 :

« Le 25, fut fait le guet à Saint-Maixent, pour les avanturiers qui estaient à Celles, et qui estaient en plusieurs bandes, en chacune d'icelles sept ou huit cents hommes. Ces avanturiers gastaient les pauvres gens des champs, prenaient leurs meubles, leurs bestiaux, et les faisaient racheter par eux ou autres. » (3)

Enfin une terrible nouvelle s'est répandue parmi les populations; l'orthodoxie catholique est menacée; des hommes nouveaux osent penser que ce qui existe depuis longtemps laisse à désirer. A cet étrange bruit, les lieux saints, monastères et couvents, durent tressaillir de la base au faîte et les religieux crièrent au blasphème.

Chose profondément dérisoire pour les tranquilles habitants de notre

---

(1) A l'entrée du champ se voyait un petit bureau de péage où l'on percevait un droit pour chaque tête de bétail.

(2) Dans l'angle droit de la halle était un petit prétoire, modestement entouré de barreaux en bois, ce qui permettait au public de voir juger les délinquants.

(3) Michel le Riche dit plus loin : « Le dimanche 13 janvier 1571, les compagnies de Bussi et de Laverdin arrivèrent au soir à la Mothe-Saint-Héraye, venant de Celles, où ils avaient résidé trois ou quatre jours. » Ce qui signifie que ce bourg fut infailliblement pillé, car tel était l'ordinaire.

abbaye, c'est un religieux Augustin qui le premier prêche la réforme, et il se nomme Luther.

Ce fut Calvin qui introduisit la nouvelle doctrine dans nos campagnes, où elle devait faire tant verser de sang et détruire un si grand nombre de monuments.

Les campagnes situées au nord de Celles embrassèrent plus tôt et plus volontiers la réforme que celles du midi; soit que les seigneurs en donnassent l'exemple, soit que le pays plus accidenté et plus boisé offrît des refuges commodes aux nouveaux adeptes, ou parce qu'enfin Saint-Maixent l'accueillit bien et assez promptement.

L'histoire des protestants du Poitou nous montre les progrès de la réforme dans les environs de Celles et nous cite, toujours au nord, un grand nombre de réunions clandestines.

Par les mémoires de Jean Migault, nous apprenons combien furent grandes dans notre contrée les persécutions contre les réformés.

Enfin nous voyons par plusieurs documents et par les traces encore frappantes de la religion catholique dans les bourgs et villages du midi de Celles, que le protestantisme n'y fit que de difficiles progrès.

Celles lui-même repoussa la croyance nouvelle, ce qu'il nous est aisé de constater par les descendants de très vieilles familles habitant encore la localité.

Nous sommes en 1552: Depuis deux ans la guerre de religion sévit dans le Poitou; l'abbaye de Celles n'a point encore été en butte aux entreprises de ses adversaires, la population qui l'entoure semble dévouée, son personnel est nombreux, puis on a déjà vu dans ces temps de troubles les enfants du froc prendre le mousquet et défendre leurs refuges menacés.

Dans les trois ou quatre années qui précédèrent 1568, Celles eut à subir plusieurs tentatives de la part des protestants, mais soit qu'ils ne fussent pas en nombre, soit que les lieux leur semblassent difficiles à prendre, ces agressions n'eurent pas de suites sérieuses.

Enfin l'heure fatale arriva, et l'abbaye comme l'église durent subir l'invasion.

Pour que le lecteur se fasse une idée des actes commis alors, qu'il lise avec nous ces lignes de Michel le Riche, qui nous font voir l'armée calviniste à Saint-Maixent d'abord puis, à Celles.

OCTOBRE 1568. — « L'incendie de l'église Saint-Martin ne fut qu'un petit coup d'essai des ruines et incendies des églises que les hérétiques se disposaient à faire dans cette ville, de laquelle Puyviault, un de leurs plus fameux capitaines, dans le Poitou, accompagné de soldats, tant de cavalerie que d'infanterie, s'en saisit et la prit pour M. le prince de Condé, par l'intelligence des habitants hérétiques, qui se voyant maîtres de la ville, pillèrent et ruinèrent les églises. Ils commencèrent par celle de l'abbaye; laquelle étant la plus grande et mieux bâtie, ils eurent assez de peine d'en venir à bout, à ce qu'ils advisèrent d'en attaquer les pilliers avec de grands bois et ensuite ils les sappaient et mettaient le feu aux attaques, les pilliers venaient à tomber et entraînaient avec eux les voultes qu'ils portaient, lesquelles par ce moyen furent tout à fait ruinées. . . . . Ils eussent continué plus longtemps si l'approche de l'armée catholique, commandée par MM. de Brissac, de Ruffec et de Lussac, ne les eût obligés de sortir de cette ville, pour aller du côté de Celles, l'après dînée du dimanche troisième jour d'octobre, et en emmenant l'artillerie qui avait resté dans la ville. . . . . Sur ces entrefaits M. de Brissac défit le seigneur de Montgommery qui estait logé, avec des troupes hérétiques au bourg de la Mothe-Saint-Héraye, et prit le frère du dit Montgommery. »

Cette page, pleine de renseignements, nous donne la date et l'heure à laquelle l'abbaye et l'église de Celles furent saccagées; elle nous dit comment s'y prenaient les réformés pour détruire les murs et les voûtes;

enfin elle nous apprend les noms des chefs au nom de qui et par qui le drame fut accompli.

Nous n'avons aucunes données sur la conduite que tinrent les religieux et les habitants du bourg dans cette fâcheuse circonstance, cependant il il est à croire que nulle résistance ne fut opposée à tant d'ennemis aguerris, munis d'artillerie.

Ces guerres entre protestants et catholiques ont été terribles, les excès les plus extrêmes furent commis de part et d'autre, et l'on vit parfois les membres d'une même famille s'entre-tuer. Toutes réflexions nous sont interdites à ce sujet, nous faisons de l'histoire et ne pouvons que déplorer ce qui fut.

M. Charles Arnauld dans sa description de l'église de Celles ajoute : « A l'époque où l'église fut détruite dans quelques-unes de ses parties, par les ordres du comte de Montgommery, les lieux réguliers ne furent point épargnés. Aussi les religieux furent-ils obligés de se contenter des plus modestes retraites; leur chef, Armand d'Estissac, se retira à Poitiers, où bientôt après les chagrins mirent fin à sa douloureuse existence. »

Quand un homme pieux gouverne une abbaye riche et heureusement située à l'ombre de l'une des plus belles églises de la contrée, et qu'il voit le cours d'une vie douce et recueillie déplacée par une telle catastrophe, il est aisé de comprendre que la douleur abrège ses jours.

Armand d'Estissac fut le dernier abbé de Celles résidant à son abbaye; (1) ceux qui furent nommés après lui n'étaient plus que de simples régisseurs, que des abbés confidentiaires, appelés prieurs.

Thibaudeau nous apprend qu'à l'époque de ce désastre il y avait vingt-cinq chanoines réguliers à l'abbaye; que Renaut Thenaut succéda à Armand d'Estissac, ou plutôt qu'il fut régisseur de cette maison pour

---

(1) La famille d'Estissac était de Coulonges-les-Royaux.

les deux frères François et Aimery de Barbesières (1) à qui Charles IX avait accordé les revenus de l'abbaye.

Deux Barbesières concoururent à la défense de Poitiers, lorsque cette ville fut assiégée par Coligny, en 1569. C'est évidemment à la suite de ce siége que les revenus de l'abbaye leur furent accordés. Cette famille fut très dévouée à Henri III, et nous voyons l'un de ses membres, au moment de la ligue, parcourir un grand nombre de villes pour reconnaître celles restées fidèles au roi. C'était là une mission de haute confiance.

Renaut Thenaut et ses chanoines se logèrent donc comme ils purent dans l'abbaye en ruine et durent se servir de l'église paroissiale, que sa pauvre apparence avait sauvée, pour dire la messe et leurs prières.

Après Renaut Thenaut, jusqu'à 1602, Mathieu Coudré et Jean Millet, qui n'avaient que le titre d'abbé, se succédèrent dans l'administration de l'abbaye, toujours au nom des seigneurs de Barbesières qui touchaient les revenus, en conséquence des brevets accordés par Charles IX et Henri III.

François de Barbesières fit nommer, en 1602, à l'abbaye, Geoffroy, son fils. A la mort de François de Barbesières, qui avait fait nommer son fils abbé de Celles, afin de mieux se maintenir dans ce riche bénéfice, sa veuve, Françoise-Constance, continua de s'en approprier la moitié des fruits; elle partageait avec Aimery de Barbesières, l'un des deux premiers bénéficiaires.

Après leur mort, Geoffroy eut seul les revenus de l'abbaye comme il en avait le titre d'abbé; mais désirant se marier, il résigna l'abbaye à un affidé, afin qu'elle ne sortît pas de sa maison; cet affidé fut évidemment Hilaire Thibault, que nous trouvons encore en 1620 abbé commendataire.

Le cardinal de la Rochefoucault, indigné de ces procédés, parvint à faire cesser ces désordres. Il fut nommé abbé de Celles en 1623. La maison de Barbesières voulait toujours se maintenir dans ses droits. Louis

(1) La famille de Barbesières était des environs de Civray.

de la Rochefoucault, évêque de Lectoure, successeur du cardinal, son frère, eut un procès considérable contre eux; il fut évoqué du grand conseil au conseil privé.

Henri, Louis de la Rochefoucault, fut maintenu dans l'abbaye, à la charge de payer à Charles de Barbesières, fils de Geoffroy, une pension de trois mille livres par année et trente-six mille livres pour le passé.

Louis de la Rochefoucault plaça dans cette maison des chanoines réguliers de la congrégation de France. (1)

Ils firent refaire à neuf les voûtes de l'église qui avaient été détruites et édifier les bâtiments qui servaient de demeure aux religieux.

A ces renseignements, dus en partie à Thibaudeau, M. Charles Arnauld ajoute que ces bâtiments furent construits avec beaucoup de somptuosité

Ce fut en 1669 qu'un nommé Le Duc, dit Toscane, du nom de son pays, rétablit les voûtes de l'église de Celles.

Pendant un siècle, de 1568 à 1669, cet édifice fut laissé à la merci des intempéries; grâce à l'avidité des Barbesières, qui, prélevant les revenus de l'abbaye, l'abandonnaient au plus complet état d'incurie.

Ainsi, malgré le cardinal de la Rochefoucault, nommé à Celles, en 1623, par suite des tracasseries qu'il eut à supporter, de même que son frère, il fallut attendre encore quarante-six ans pour voir ces lieux complètement restaurés. Louis de la Rochefoucault demeure en possession de l'abbaye jusqu'en 1710, époque de sa mort. (2)

Un acte très authentique, trouvé à Celles, nous est d'un utile secours pour nous apprendre différents faits importants au sujet de l'abbaye sous la domination de l'évêque de Lectoure.

---

(1) Le cartulaire de Saint-Maixent dit que cette abbaye fut unie en 1651 à la congrégation des Génovéfains.

(2) Louis de la Rochefoucault obtint en octobre 1602 des lettres patentes portant confirmation des privilèges des abbés religieux et couvent de Notre-Dame de Celles. — Registrées en parlement le 20 janvier.

Nous reproduisons cette pièce toute locale.

« Aujourd'huy dernier de mars mil six cent soixante-huit, en temps de carême, par-devant nous no^res royaux à Saint-.......... (1) soubs^nez honorable Jacques Baudry ma.......... dem^t au bourg de Notre-Dame de Celles, fondé de procur^on de frère Nicollas Mocquot, prêtre, chanoine régulier de la congrégation de France et gradué, nommé par la fameuse université d'Angers sur l'abbaye de Notre-Dame aud. Celles, aud. ordre, au diocèze de Poictiers, dem^t en l'abbaye de Notre-Dame du Liège p^nt tesmoinyer la grosse signée F. N. Mocquot et moi j'ay de Crinont, no^re en date du seizième du p^nt mois et an, lequel Baudri en sa personne et en la dicte qualité a comme autreffois décliné et notifié ses nom, cognom, degréz et quallitez de bachelier en théologie en nomination de lad. université et dit avecq honneur et respect au révérant abbé de l'abbaye de Notre-Dame dud. Celles du diocèze dud. Poictiers et aux vénérables religieux de lad. abbaye de Celles tant conjointement que divizement et tant présent qu'absent qu'il a suplié et requis que vacquance advenant daucuns benefices affectez aux mois des graduez, nommez et simples il leur plaise les conférer aud. frère N. Mocquot et luy en octroyer touttes provizions à ce requis sur et nécessaires en parlant à révérand père Nicollas de St-Gobert prieur des religieux de lad. abbaye et pour en advertir le r^t abbé de Notre-Dame de Celles, auquel a esté délaissé autant des pre^tes qui a accepté lad. insin^on dont nous avons aud. Baudri pour le dict. Mocquot lui se requerant octroyés le présent acte pour luy valloir et servir ce que de raison et ont led. de St-Gobert et Baudri signé et lad. procu^on esté reprize par le dict Baudri vers midi les jours et an que dessus. »

P. N. Saint-Gobert. J. Baudri. Texier n^re royal.
Berthomme n^re royal.

Le révérend Saint-Gobert, prieur de l'abbaye de Celles, et l'administrant

---

(1) Saint-Maixent probablement. Les premiers notaires de Celles résidèrent dans cette ville.

pour Louis de la Rochefoucault, fut, croyons-nous, un homme de quelque mérite; l'abbaye de Celles a été rebâtie sous ses yeux; l'hôpital qui succéda à l'aumônerie, et servant aujourd'hui de maison d'école, porte encore son nom.

Ces importantes constructions ne laissaient pas d'avoir besoin d'un homme capable qui pût compter, payer et même donner son avis. C'est sans doute pour ces causes que le peuple, souvent équitable, et appréciant les qualités de cet administrateur, a perpétué son nom en le donnant à un établissement de charité.

Nous ignorons quelle était la valeur d'un canonicat à l'abbaye, mais cette pièce nous apprend qu'ils étaient chaudement demandés et qu'il n'était pas absolument urgent de résider au monastère. Quant à Jean Baudri, aussi gradué et savant que le frère Mocquot, peut-être n'était-il autre qu'un des Augustins remplacés par les chanoines (1).

Ce notaire Berthommé fut le troisième notaire de Celles, car la charge instituée en 1552 eut pour premier titulaire un sieur Fraigneau; puis vinrent Lévêque, Berthommé, Banlier, Boiffard Jérôme, Boiffard Antoine, Brunet, Barillet Georges, Barillet François, Senné, Nourry père, Nourry fils, ce dernier fut investi du titre de sénéchal de l'abbaye par Charles, Maurice de Talleyrand, évêque d'Autun, dernier abbé baron de l'antique abbaye (2).

Les notaires, qui devinrent plus tard les principaux habitants du bourg, firent souche pour la plupart et bâtirent quelques anciennes maisons qui se voient dans la localité.

La cure actuelle, qui comportait toutes les constructions partant de la place de l'église jusqu'à Saint-Gobert, est due à Fr^{ois} Louis Encelin, dernier prieur de l'abbaye.

Depuis Armand d'Estissac, tous les noms d'abbés et de prieurs nous

(1) Les Augustins n'avaient quitté l'abbaye que depuis 17 ans.
(2) Briquet. II. de Niort.

sont à peu près connus, et nous voyons succéder à Louis de la Rochefoucault un M. de Saumery.

Suivant acte de M°....... notaire à Melle, en date du 25 août 1710, M⁰ʳ Alexandre de Johanne de Saumery, clerc du diocèse de Paris, prend possession de l'abbaye de Celles, vacante par le décès de M⁰ʳ de la Rochefoucault, par M. Garnier, prieur de Saint-Martin, son fondé de pouvoirs.

Enfin dans le *Gallia Christiana*, p. 1337, on voit que le dernier abbé de Celles qui y est nommé, Alexandre de Johanne de Saumery, évêque de Rieux, est encore représenté en 1744 par l'abbé Blet, prieur de Saint-Martin, son fondé de pouvoirs.

Cette nomination de M⁰ʳ de Saumery à l'abbaye de Celles, due peut-être à Mᵐᵉ de Maintenon, vers la fin du règne de Louis XIV, qui, dit-on, eut quelques munificences pour ce monastère, fut à coup sûr une mine précieuse pour son titulaire, puisqu'il put en jouir pendant trente-quatre années.

Entre M⁰ʳ de Saumery et ses deux derniers successeurs à l'abbaye, c'est-à-dire depuis 1744, nous ignorons qui commande à Celles, et ce n'est que trente-six ans plus tard qu'on voit, suivant acte passé par M⁰ Minot, notaire royal à Melle, en date du 10 août 1780, que M⁰ Fr⁰ⁱˢ Nourry, avocat, comparait comme chargé d'ordres de M⁰ʳ de Bouteville, évêque de Grenoble, abbé de Celles (1).

Enfin, M⁰ʳ de Talleyrand n'en avait, quand éclata la révolution, que depuis peu d'années l'investiture.

Les derniers religieux de Celles, les Génovéfains, n'étaient à l'abbaye que huit ou dix, avec un nombre égal de jeunes élèves ecclésiastiques. Plus d'un vieillard parle encore avec respect de ces hommes vêtus de blanc et passant gravement sous les charmilles ombreuses et les maronniers séculaires.

(1) A la vérité, M⁰ʳ de Bouteville pouvait être depuis longues années en possession de l'abbaye, peut-être même depuis M⁰ʳ de Saumery.

Quoique très riche encore, l'abbaye semblait décroître de sa grandeur; son omnipotence avait subie une mortelle atteinte depuis qu'elle était devenue un objet de convoitise pour les bénéficiaires et par l'absence de ses abbés.

Puis, les mœurs prenant un autre cours, tout semblait indiquer que ces grands établissements, précieux au temps de la barbarie, ne seraient plus désormais d'une nécessité absolue.

La preuve de ce que nous avançons se trouve dans cette dernière pièce, avant-coureur du grand drame qui se joua plus tard.

Les électeurs de Celles, réunis en 89, faisaient entendre les doléances suivantes :

« Nous avons l'honneur de représenter pour plainte et doléance, en disant que le territoire de cette paroisse est très peu étendu; que la majeure partie des terres est en groie; qu'il se trouve très peu de terre sur le tuffe; l'autre partie est en bois-taillis appartenant à messieurs les ecclésiastiques; que les habitants ne recueillent de fourrage qu'autant qu'il en faut pour nourrir les bestiaux destinés à la culture des terres.

» Telle est la vraie position de cette paroisse et le sort des pauvres habitants qui l'occupent, chargés d'impôts de tout genre et donnant aux deux premiers états la majeure partie des fruits qu'ils retirent des terres.

» Malgré la triste situation où nous sommes, nous demandons qu'il y ait un atelier de charité pour subvenir aux besoins des pauvres qui sont en très grand nombre et qui, dans un certain temps de l'année, se trouvant être dépourvus d'ouvrage, sont entièrement à charge aux cultivateurs.

» Nous observons que la terre du seigneur abbé de Celles, qui est d'un produit considérable, est en régie, et à ce titre ne supporte qu'une modique cotte de taille pour les bâtiments; ceux-ci qui devraient regarder, ce semble, la propriété, se trouvent à la charge de ladite paroisse.

» Notre vœu le plus unanime et le plus constant est qu'il n'y ait qu'un seul impôt également réparti sur les trois ordres. Il en résulterait beaucoup de soulagement pour les malheureux et un bénéfice pour Sa Majesté.

» Nourry, Pierre Pairault, Jacques Fouché, Joseph Bellion, Louis Guillon, Barillet, Jean Moreau, Jean Marché, Pierre Crémault, Rabottau, Chatelin, Rault, Héliot, Louis Brisset, Lachambre, Pougnet, Jean Bourdon. »

Il ne nous reste plus, pour terminer cet opuscule, que quelques mots à dire sur les travaux faits à l'église et à l'abbaye.

Sur les dalles uniformes de l'église on ne lit aucune épitaphe, et nul tombeau n'est venu déranger la régularité des chapelles. On ne voit non plus aucun signe héraldique sur ces murs consacrés à la piété. Au fond de l'abside existe l'entrée d'un caveau sans doute destiné à la sépulture des religieux; le sol de ce caveau est très bouleversé et ne recèle aucuns vestiges, seulement on y trouve une porte murée, entrée de quelque mystérieux souterrain.

Paul Beurier, abbé de Ste-Geneviève, vint bénir l'église restaurée, en 1676. Douze ans auparavant on avait déposé à l'abbaye, dans une boîte d'argent, le cœur du fameux maréchal de la Meilleraye, mort, comme dit son panégyriste, M. de la Fontenelle, ainsi que Sully, son plus illustre prédécesseur, à l'arsenal, à Paris, le 8 février 1664.

Les travaux de réparation de l'église durèrent sept années, de 1669 à 1676, car il est bien probable qu'elle fut bénite aussitôt qu'elle pût servir.

Quant aux travaux de réédification de l'abbaye, exécutés par le même architecte, ils ne durèrent que six années si nous pouvons nous baser sur une inscription qu'on voit au faîte d'un pilastre où on lit : *Me fecit anno 1682, François le Duc dit Toscane.*

Ce le Duc était un architecte italien de talent comme son pays les fournissait assez nombreux alors; la France leur doit un grand nombre de monuments remarquables.

Qu'on nous permette quelques lignes sur l'édifice de Celles.

À l'extrémité sud de la vieille abbaye on jeta les fondations du nouveau monastère, seulement ces fondations ne comprirent que la moitié environ de l'étendue destinée à la réédification générale. Cette façon de procéder fut nécessitée par l'urgence de conserver une partie des vieux bâtiments à l'usage des religieux, qui s'empressèrent de les abandonner quand ils purent se loger dans la partie neuve. On devait penser qu'aussitôt ce déplacement opéré les antiques murailles seraient abbattues et la reconstruction continuée, il n'en fut rien; on se borna à les transformer en servitudes.

On ignore pourquoi le monument est resté inachevé; sans doute que l'argent manqua, et qu'on trouva ce palais luxueux et incomplet suffisant au personnel de l'abbaye, personnel inférieur en nombre de siècle en siècle.

La façade de l'abbaye devait compter quatre-vingts mètres de longueur sur une largeur de dix et une élévation de vingt jusqu'à l'entablement qui est une des parties les mieux soignées de l'édifice.

L'ensemble du monument devait consister, indépendamment de cette façade remarquable au levant, en trois corps parallèles entre eux de trente mètres de longueur environ, placés l'un au centre, le seul qui existe, les deux autres aux extrémités du corps principal. Nous avons l'indication de ces deux dernières ailes par l'existence de pierres d'attente et l'interruption de l'entablement au bout sud de l'Abbaye du côté de la cour intérieure. Le bâtiment nommé St-Gobert a pris la place de l'aile du nord.

Comme ce monument avait ses bases établies sur une vaste échelle, tout le premier étage était d'une destination mondaine, c'est-à-dire toute de luxe et de confortable; là se rencontraient les appartements d'honneur pour l'abbé dans ses visites, pour l'évêque dans ses tournées, et les personnages marquants.

Ces appartements, donnant sur un très beau corridor éclairé au couchant par un grand nombre de fenêtres, sont bien distribués; les plafonds élevés se faisaient remarquer par des solives peintes et très rapprochées comme c'était alors l'usage ; les parquets en chêne affectaient divers dessins, tels que losanges, rosaces et feuilles de fougère ; quant aux murs ils disparaissaient sous des tentures ou des boiseries.

Chaque appartement avait ses ouvertures (1) au levant et jouissait de ce côté d'une vue charmante sur les jardins, les pièces d'eau, la futaie et une partie du vallon où se groupent quelques chaumières.

Au deuxième étage se trouve une rangée de cellules étroites, blanchies à la chaux, qu'une couchette et un prie-Dieu suffisaient à meubler, véritables logis de religieux, ayant chacun une fenêtre, mais toujours sur le riant paysage. De vastes appartements étaient encore ménagés aux deux extrémités des cellules. D'autres cellules auraient été établies dans les annexes, car elles sont ici en petit nombre.

Les combles étaient immenses et les charpentes couvertes en ardoises se faisaient remarquer par la beauté et la profusion des matériaux. Un spéculateur pour vendre les bois magnifiques des charpentes en a changé la forme et les a couvertes en tuiles ordinaires.

Si nous descendons au rez-de-chaussée, nous y rencontrons de véritables merveilles architectoniques: D'abord, c'est un vestibule aux larges proportions, sa voûte plate est soutenue par des colonnes élégantes; à droite et à gauche sont de hautes arcades qui donnent entrée aux salles latérales. Nous devrions dire la salle gauche, car le côté droit n'est qu'ébauché. Cette salle de gauche, appelée le réfectoire, est vraiment monumentale par son étendue, ses voûtes aux arceaux légers et sa porte sculptée avec art. Le fronton de cette porte consiste en deux volutes un peu massives où vient se relier une guirlande de feuilles de chêne habilement fouillée. La cheminée est colossale et parfaitement en rapport

(1) Le nombre des ouvertures de cette façade devait être de 60, il est de de 42.

avec un tel réfectoire, où deux cents convives pouvaient manger à l'aise.

Au bout de ce réfectoire se trouve une cuisine en harmonie avec lui par ses belles proportions.

Revenant au vestibule, nous y remarquons l'escalier et une niche toute enguirlandée, comme la porte du réfectoire, qui a sa place dans le mur au bas des marches.

Cet escalier, dont nous ne pouvons indiquer que la volée de gauche, est l'œuvre la moins réussie de l'édifice, il est trop écrasé par sa voûte un peu basse, et sa rampe de fer est d'un travail très ordinaire. Il masque légèrement la porte du réfectoire, ce qui fait paraître cette dernière plus lourde encore.

Cependant l'artiste était dans l'intention de bien traiter cet escalier, si nous en jugeons par son inclinaison douce et facile, la beauté de ses pierres et par les soins apportés au plafond du premier palier, orné de quatorze petits écussons remarquables par la diversité des dessins. Plus haut, le bois remplace la pierre, ce qui ferait penser que le travail arrêté dans son exécution la plus essentielle, aurait été soumis à une catastrophe ou à un ordre supérieur.

L'inachèvement de l'abbaye place, contre toutes les lois de l'architecture, son vestibule à l'une de ses extrémités. Ce vestibule, que nous avons fidèlement décrit, est éclairé par deux fenêtres de trois mètres d'élévation environ, comme toutes celles du rez-de-chaussée; la porte principale éclaire également le vestibule par une imposte vitrée. Ici on s'arrête charmé en présence d'un frontispice aussi léger que gracieux, et de chambranles où se multiplient les moulures, les cannelures et les colonnettes; le perron avec ses deux rampes est digne de la porte, ainsi que son pendant servant à descendre dans les jardins.

Tel qu'il est, l'aspect de l'abbaye est saisissant : ces admirables pierres de dimensions égales, toutes biseautées à leurs points de jonctions et teintées uniformément par le temps; ces six robustes contreforts aux sommets taillés en rosaces ; cette savante division du monument en trois corps saillants et deux rentrants, du moins tel devait-il être ; ces pilastres à peine en relief et cannelés, ces chapiteaux si riches dans leur uniformité, ces élégantes consoles, enfin ces frises et ces corniches si finies, tout atteste un monument de première beauté et l'un des plus grandioses specimens de l'ordre un peu maniéré de la Renaissance.

Le côté opposé à la façade principale de l'Abbaye n'a rien de remarquable ; les cloîtres qui s'y trouvent sont d'une construction mesquine ; en outre, la cour intérieure est du plus triste aspect.

Tout semble à l'Abbaye avoir été sacrifié pour embellir un côté unique, celui de l'arrivée. A cet effet, on construisit la grille sur un vaste plan ; l'entrée en fer à cheval consiste, indépendamment de deux pilastres remarquables par leur ornementation et les figures grotesques qui les couronnent, en deux portes cintrées et en deux pavillons d'un effet satisfaisant.

Cette grille donne accès dans une avenue plantée d'un beau rang de tilleuls qui indique toute l'étendue que devait occuper le monument.

Les deux tiers environ de l'Abbaye sont achevés ; si, comme les dates nous autorisent à le penser, il a fallu six années pour l'accomplissement de ce travail, dix années auraient été nécessaires pour l'achèvement complet, chiffre fort plausible pour son importance.

C'est à partir de 1791, quand on demanda la prestation de serment aux ecclésiastiques, que les religieux abandonnèrent l'Abbaye et que finit son histoire. Depuis ce moment, vendue et revendue, elle s'est cependant conservée debout malgré l'esprit de spéculation. Espérons qu'elle dominera longtemps encore le sol qui la porte et que nos neveux, amis des arts, sauront rendre justice au bon goût et au génie des générations éteintes.

VITRÉ, MAI 1865.

www.ingramcontent.com/pod-product-compliance
Lightning Source LLC
Chambersburg PA
CBHW060955050426
42453CB00009B/1182